CERDDI'R CYWILYDD

Gerallt Lloyd Owen

Gwasg
Gwynedd

Argraffiad cyntaf — Gŵyl Dewi 1972
Ail argraffiad — Gorffennaf 1972
Trydydd argraffiad — Gorffennaf 1977
Argraffiad newydd — Mawrth 1990

Ymddangosodd rhai o'r cerddi yn *Barn, Cerddi '70* a *Cerddi '71* (Gwasg Gomer), *Cerddi'r Gadair Aberystwyth 1969* (Urdd Gobaith Cymru) a *Tafod y Ddraig*. Dylid nodi bod *Tir Iarll* ac *Etifeddiaeth* wedi eu recordio ar wasanaeth *Clywch y Bardd* gan Gyngor Celfyddydau Cymru ac ar record o'r un enw gan Recordiau'r Dryw. Comisiynwyd *Y Gwladwr* gan Deledu Harlech. Cydnabyddir yn ddiolchgar ganiatâd parod y gwahanol awdurdodau hyn i gynnwys y cerddi yn y gyfrol hon.

ISBN 0 86074 035 8

Cyhoeddir gyda chymorth ariannol
Cyngor Celfyddydau Cymru.

Cyhoeddwyd ac argraffwyd
gan Wasg Gwynedd, Caernarfon.

Cynnwys

Er cof am fy Nhaid

Rhagair

Yng ngorffennol gwâr ein cenedl rhoid urddas ac uchel fri ar farddoni. Ym more ein hanes swydd gyfrifol a dyrchafol oedd swydd bardd. Ym mrwydrau ei bobl, 'roedd i'r bardd ei dasg arbennig; nid ymladd â'r cleddyf mo'i ran ef ond annog eraill i'r gad. Brwydr seicolegol oedd ei frwydr. Ei gyfraniad oedd codi ysbryd ei bobl ar awr dywyll a phorthi eu hewyllys i barhau.

Felly am unwaith o leiaf yn ein hoes ni, gan mai'r un yw ysbryd y cerddi hynny a rydd undod a theitl i'r gyfrol hon. Cerddi cyfnod ydynt. Ym mlwyddyn y cyflyru mawr, aeth gosgordd fechan unwaith yn rhagor i Gatraeth. Caled yr ymladd yn wyneb grym cynheiliaid y drefn a da gan hynny fu cael gweledigaeth bardd yn gynhaliaeth — geiriau ysbrydoledig i'n cadw rhag gwall cof, geiriau er eu haml dristwch a'u hanobaith a daniai ein llawenydd a'n hewyllys yn fflam o obaith.

Er mai blas hen frwydr sydd bellach i gnewyllyn cerddi'r gyfrol hon, eto erys grym eu llais a'u dawn i ysbrydoli a byddant yn dyst i'r dyfodol nad yn gwbl ofer y bu'r brwydro.

Gwynn Jarvis

Etifeddiaeth

Cawsom wlad i'w chadw,
darn o dir yn dyst
ein bod wedi mynnu byw.

Cawsom genedl o genhedlaeth
i genhedlaeth ac anadlu
ein hanes ni ein hunain

A chawsom iaith, er na cheisiem hi,
oherwydd ei hias oedd yn y pridd eisoes
a'i grym anniddig ar y mynyddoedd.

Troesom ein tir yn simneiau tân
a phlannu coed a pheilonau cadarn
lle nad oedd llyn.
Troesom ein cenedl i genhedlu
estroniaid heb ystyr i'w hanes,
gwymon o ddynion heb ddal
tro'r trai.
A throesom iaith yr oesau
yn iaith ein cywilydd ni.

Ystyriwch; a oes dihareb
a ddwed y gwirionedd hwn:
Gwerth cynnydd yw gwarth cenedl,
a'i hedd yw ei hangau hi.

Tir Iarll

Bu'r hen iaith ar y bryniau hyn
yn aflonyddu flynyddoedd
yn ôl, hen iaith
ein hatgofion ni.

Do, cawsoch wared â hon
mor ddidrafferth â phrydferthwch
gwanwyn, ac yna
aeth eich dynoliaeth yn dân i aelwyd.

Gwrandewch yn eich esgyrn du.
Oni chlywch chi hon?
Oni chlywch ei hanadl
yn naddu'r llonyddwch?
Na, mae hi yma o hyd,
yn treiddio i'r cof trwy ddaear y cwm,
yn ei gwthio'i hunan i'ch gwythiennau,
yn gloywi llygaid y glo llugoer.

A sylwaf fod yr hafau
gwyrddion ar gerdded
yn y tir du, a'r gwynt o'r deau.

A dyna'r hud yn Nhir Iarll.

Meddyliau Mewn Machlud

Yn erbyn y gwyn mae'r boen a Gwener
y Grog ar waith yn y grug a'r eithin.
Rhyngof a haul yr angau fe welaf
hoelion Rhufeiniaid, — peilon ar fynydd.

Daw gwifrau uchel o'r llidiog freichiau
ac ar eu hunsain hwy grensian ei wewyr.
Ond ar y gwifrau hyn y daw'r gyfrinach:
yn y marw glân y mae argoel ei eni.

Dur Ac Aderyn

Ar fore oer o wanwyn aeth
aderyn du i wrthdrawiad â'r car.

Un dydd o wanwyn y daeth
Hydref yr Ymerodraeth.

Eiliad fer o'i weld a fu,
Aderyn yn cyd-yrru,
A'i blu gwibddu mor gibddall
Yn herio dur, — y dur dall.

Bu ddirybudd yr aberth,
A bu cyn deffro o'r berth.
Mae'r ing ynghlwm i'r angerdd
A'r gwaed yn agos i'r gerdd.

Un dydd o wanwyn y daeth
Hydref yr Ymerodraeth.

Gwanwyn

"Wele daeth y dydd; wele efe yn dyfod;
y boregwaith a aeth allan; blodeuodd y wialen,
blagurodd balchter."

Mae hen ymyrryd ym môn miaren
Yn gwthio'i wewyr trwy bob gwythïen;
Hiraeth haf sy'n ei chroth hen yn artaith
Eithr gwyryf eilwaith yw'r griafolen.

Mae hiraeth geni ym mherth y gwanwyn,
Mae ei wewyr llosg ym mwyar y llwyn,
Ei wefr yn cribo'r llafrwyn, ac anaf
Hen awydd yr haf ar fynydd yr ŵyn.

Mae hardd addewid ym mhridd y ddaear
A hyder bron sydd yn mwydo'r braenar;
O chwyrn lonyddwch ei hâr ac o'i llwch
Y rhoddwyd i'n llwch freuddwydion llachar.

Daeth yr awel wedi'r dieithr wywo
A'n hanial genedl sy'n ailegino
Fel daear ar flodeuo, oblegid
Rhwydd y daw rhyddid i'r rhai a'i haeddo.

Yr Ias

Hen, hen ias sy'n y noswynt,
Gwifrennau gwefr yn y gwynt
A phan ddaw'r amser i'r sêr gonsurio
A'r deri'n siffrwd ar nosau effro,
Gwerin sy'n atgyweirio hen rengoedd,
Wedi 'sgarmesoedd dewis grymuso.

Yn sgip y dail mae cenllysg pedolau,
Yn y glaw hefyd mae gwaed o glwyfau
Hen arwyr, ac yn oriau direidi
Gwyliaf wrhydri y dirgel frwydrau.

Y ddrama hon yn neuaddau'r 'mennydd
Ni wêl y dorf, a chynnil y derfydd.
Oesau a ffo'nt megis ffydd a gollwyd
Ac wedi breuddwyd daw gwawd boreddydd.
Daw'r wawr oer i dorri'r rhith,
Y wawr lawdrom ar ledrith!

Gobaith

’Rwy’n ofni’r distawrwydd sy’n dyfod,
Distawrwydd didostur y sêr;
Fy mhobl na fynnwch ymwared,
’Rwy’n meithrin eich marw’n fy mêr.

Ac eto ni allaf beidio
Â chredu’n fy nghalon ddofn
Fod yr hen fynyddoedd yn amau
Ac yn loetran o gwmpas rhag ofn.

Gwenoliaid

Edrych yn awyr hydref
ac ni weli'r gwenoliaid;
ymhell dros y môr y maent.

Huotledd cynganeddion
eu gwamal ymgomio
a'u trwst yng ngŵyl y trawstiau
a glywsom gyda glasiad
y tawel, ddiogel ddydd,
ac yn syrcas yr asur
ffolem ar gampau'r ffyliaid.

Aeth heulwen o'r wybrennydd,
oer yw'r hin, bu farw'r haf.
Aethant hwythau
i fannau addfwynach
sy' rywle dros orwelion
y môr amddiffynnol maith.
Cyfleus rhag gaeafol hin
ein gwlad yw hafaidd glydwch
dyddiau poeth y gwledydd pell,
ac yno fe ganant
mewn tragywydd ddydd o haf.

Fy ngwlad, gwêl yr adar
dewr a genhedlaist ti!
Y beirdd na wyddom eu bod
yng ngaeaf diwethaf ein dydd.

Y Bardd A'r Chwyldro

Y dibryder aderyn
A di-hid o'th wae dy hun
Ar farugog oer frigyn,

Trist dy glywed mor ddedwydd.
Pam na cheni di i'r dydd,
I'r gaeaf sy'n dragywydd?

Oni weli anialwch
Y waun draw dan eira'n drwch
A gwlad heb iddi glydwch?

"Gwelaf aeaf a newyn
Ein daear wag ond er hyn
Y mae haf ond ei 'mofyn."

I'r Farwolaeth

Rhown wên i'r mab brenhinol
A chawn wên letach yn ôl,
Y wên lafoerwen, farwol.

Rhedwn lle cerdd mawrhydi
Ar deyrnged ein carpedi,
Gwnawn lwybrau i'n hangau ni.

Chwifiwn ein breichiau hefyd
A gwenwn bawb. Gwyn ein byd!
Diweddwn mewn dedwyddyd.

A gwnawn y myrdd geinion mân
I gofio'r dathlu'n gyfan.
Dihiraeth ydyw arian.

Awn heb yr hoen i barhau
I'r nos na ŵyr ein heisiau,
Awn i gyd yn fodlon gaeth
Efo'r hil i'r Farwolaeth.

Pytiau

Dwyieithrwydd a merched,
waeth ichi p'un;
gewch chi garu dwy,
ond priodi un.

Mae'r hen Blaid o'r diwedd
yn ennill tir,
a Chymru'n ei golli,
wel, dyna'r gwir!

Mae rhywbeth yn atgas
mewn byw'n gytûn
pan fydd Cymro o Lundain
yn priodi Saesnes o Lŷn.

Nadolig Yng Ngorffennaf

Yng nghyflawnder yr amser rhoed
seren yn yr wybren wag,
seren a gonsuriwyd
gan ddoniau dygn ddewiniaid
y nos a'r cysgodion hen.
Gwelodd gwehilion
pell ei disgleirdeb hi
a daeth angylion gwynion eu gwedd
i ddweud am ryfeddodau
draw mewn rhyw ddistadl dref.

"Ganed Tywysog inni,
ac nid estron mohono
o dras yr hen dreiswyr
nac o linach gelynion,
eithr nyni a'i piau,
ein mab ohonom yw ef."

Genedl, gwêl ogoniant
mab dy ddyhead maith.
Gwêl dy was, gwêl Dywysog
a'th gâr yn fwy na'th geraint!

Cilmeri

Fin nos, fan hyn
Lladdwyd Llywelyn.
Fyth nid anghofiaf hyn.

Y nant a welaf fan hyn
A welodd Llywelyn.
Camodd ar y cerrig hyn.

Fin nos, fan hyn
O'r golwg nesâi'r gelyn.
Fe wnaed y cyfan fan hyn.

'Rwyf fi'n awr fan hyn
Lle bu'i wallt ar welltyn,
A dafnau o'i waed fan hyn.

Fan hyn yw ein cof ni,
Fan hyn sy'n anadl inni,
Fan hyn gynnau fu'n geni.

Fy Ngwlad

Wylit, wylit, Lywelyn,
Wylit waed pe gwelit hyn.
Ein calon gan estron ŵr,
Ein coron gan goncwerwr,
A gwerin o ffafrgarwyr
Llariaidd eu gwên lle'r oedd gwŷr.

Fe rown wên i'r Frenhiniaeth,
Nid gwerin nad gwerin gaeth.
Byddwn daeog ddiogel
A dedwydd iawn, doed a ddêl,
Heb wraidd na chadwynau bro,
Heb ofal ond bihafio.

Ni'n twyllir yn hir gan au
Hanesion rhyw hen oesau.
Y ni o gymedrol nwyd
Yw'r dynion a Brydeiniwyd,
Ni yw'r claear wladgarwyr,
Eithafol ryngwladol wŷr.

Fy ngwlad, fy ngwlad, cei fy nghledd
Yn wridog dros d'anrhydedd.
O, gallwn, gallwn golli
Y gwaed hwn o'th blegid di.

Y Gŵr Sydd Ar Y Gorwel

Nid eiddil pob eiddilwch,
Tra dyn, nid llychyn pob llwch.
Ac am hynny, Gymru, gwêl
Y gŵr sydd ar y gorwel,
Y miniog ei ymennydd,
Y ffŵl anfeidrol ei ffydd.

Ar ei wedd mae ôl breuddwyd,
Yn y llais mae'r pellter llwyd
Ond ei ddysg a'i ddistaw ddod
Ni wybu ei gydnabod,
Fel y Gŵr eithafol gynt
Fu ar drawst farw drostynt.

Y gwrol un a gâr wlad
A gwerin na fyn gariad.
Naddodd ei galon iddi
A chell oedd ei diolch hi.
Am wir act o Gymreictod
Ennill ei chledd yn lle'i chlod.

Gymru ddifraw, daw y dydd
Y gweli dy gywilydd.
Ni all sŵn ennill senedd,
Ni ddaw fyth heb newydd fedd.
Ac am hynny, Gymru, gwêl
Y gŵr sydd ar y gorwel.

Pwy Rydd Ei Waed?

Gwelaf loer yn glafoeri
A'm calon ddofn yn ofni
Oer drem ei difrawder hi.

Gwelaf flinder y gweryd
A'r corff fu'n esgor cyhyd
Yn welw fel anwylyd.

A gwelaf yn y galon
Mai'r hil sy'n marw yw hon,
A marw heb ei meirwon.

Gwae f'einioes pe gofynnwn
Pwy rydd ei waed i'r pridd hwn;
Pwy rydd ei waed i'r pridd hwn?

Y Lladdedigion

Bleiddiaid sy'n wybren fy naear heno,
Mae rhew yn wyneb y meirwon yno,
Ac esgyrn wedi'u gwisgo ag angau
Hen genedlaethau'n egwan dylwytho.

Y rhain yw gwaddol yr unigeddau,
Hil a wasgarwyd dros foel esgeiriau;
Ar wybedog 'sgerbydau y cyrff hyn
Y barrug glaswyn sy'n cribo'r cleisiau.

Mae'r gwŷr ystyfnig fu yma'n trigo?
'Sgyrion eu hanes yw'r esgyrn heno;
Nid erys draw ar drist ro'r diffeithwch
Namyn eu llwch diddim yn lluwchio.

O, fynwent anghyfannedd!
O, sychion feirwon di-fedd!
Ai hwn yw'r tir roed inni,
Ai hon yw fy nghenedl i?

Ysgerbwd Milwr

Do, mi welais ysgerbwd milwr
yn haen mewn craig fel baban mewn croth.
Gorweddai fan honno'n griddfan hanes
a llun ei waedd ar y llonyddwch,
gwaedd a weldiwyd wrth dragwyddoldeb.

Do, rhyw fin nos bu brwydr fan hyn
na bu'i ffyrnicach, a hwyrach mai hi
oedd yr un, yr unig un, y bu ynddi erioed.

Pa law estron a'i plastrodd
i'r graig a rhwygo'i
berfedd ar borfa?

Pwy oedd yr un a gipiodd yr anadl
o'i ffroen a fferru ei waed
â'i gledd gwlyb?

A phwy oedd y corff hwn?

Un o'r fyddin oedd ganrifoedd yn ôl,
un yn y rheng, ond yn yr angau
bu i hwn ei wyneb ei hunan
a gorweddai hwn yn unigrwydd ei waed.

Meddyliaf am ei ddwylo,
eiddilwch ei ddwylo,
a'r bysedd fu'n cribo iasau
drwy wallt yr un
a wyddai'n ei chalon na ddychwelai.
Bu'r dwylo hyn yn barod i ladd.

A'r galon fu'n curo'n y corff
yn gynnes gan ofnau geneth
yw'r un yr aeth
llafn oer i'w phellafion hi.

Do, mi welais ysgerbwd milwr,
ond i mi nid ysgerbwd mwyach,
oblegid drwy blygion
y graig hon y mae gwewyr cenedl
yn ystwytho nes y daw hithau
rhyw fin nos i frwydr fan hyn.

Do, mi welais ysgerbwd milwr
yn boen mewn craig ac yn faban mewn croth.

Hen Genedl

Hen genedl, cof hir;
Hen gof, y gwir.

Hen bridd, gwraidd saff;
Hen wraidd, pren praff.

Hen iaith, anadl fer;
Hen anadl, her.

Y Ddau

Gwŷr ffyddiog heb gyrff oeddynt,
A gwŷr o ffydd heb gyrff ŷnt.
Ni raid i'r ddaear oedi
Eithr fe wnaed ei threfn hi;
Eu hel hwy yng nghanol ha'
Yn falurion fel eira.

Ond chwiliwch dristwch y dre
A gwyliwch Abergele!
Cans ar syfrdan drwstan dro
Cyfanwyd ein cof yno.
Fe weiriwyd ein hyfory
Wrth angau'r ddau, wrth wawr ddu.

Trefor Morgan

Dwed, iaith, pam nad ei dithau, — ac i beth
    Y gobeithiwn ninnau?
   Ym Morgannwg mae'r genau
   Ynghlwm; pa reswm parhau?

I'r fynwent dygwch fenter — yr enaid
    A brynodd yr amser;
   Rhowch amdo ar y chwimder
   A drws yr arch dros yr her.

Mae llygaid chwim y llogau — a manwl
    Ymennydd y dadlau
   A'r gonest Gymreig enau
   Oll ynghwsg, a'r llaw ynghau.

Nid arian ond ei wario, — nid y llog
    Ond y lles oedd ynddo;
   Tros ryddid rhoes yr eiddo,
   A rhoi'n llwyr i'w ennill o.

Mawr gyfoeth a phrin foethau, — y gwirion
    Wladgarwr; boed eisiau
   Un ai arian neu eiriau
   Buan y'u ceid heb nacáu.

Fe'i gwawdiwyd ond fe gododd, — ei ddewrder
    A ddwrdiwyd, ond rhoddodd;
   Rhoi i wlad a'i herlidiodd,
   Rhoi'n ddrud, rhoi'i fywyd a'i fodd.

Nid llwch a gleddwch ond gwlad, — nid y wedd
    Ond iaith ein gwareiddiad,
   Nid pridd i'r pridd ond parhad
   Yr hil na wybu'r alwad.

Gardd Goffa Dulyn

Nid blodau ond bwledi — a wnaeth hon,
A'i thwf yw merthyri;
Eu haberth yw ei pherthi,
Gardd o waed, ond gwyrdd yw hi.

Wedi'r Storm

I gofio J.R. Jones

Wedi adeg
storm ein hystyr
mae'n osteg.

O'n hôl anialwch
yn dilyn
â'i dawelwch.

Yn ein haros, anwiredd
y gorwel
a'i drugaredd.

Ond pwy yw hwn hyd y paith?
Dim ond Duw yn mynd i'w waith.

Eurwen

Ifanc sydd hen eleni; — ar ddwys bridd
    Sobreiddiodd ein hasbri;
  O'n breuddwyd heneiddiwyd ni,
  Rhoes henaint ei wers inni.

Ofered oedd llyfrau dysg, — ofered
    Fu'r myfyrio hyddysg;
  Huna merch oedd ddoe'n ein mysg
  Ym mhridd heddiw mor ddiddysg.

Rhowch i gist dynerwch gwedd, — rhowch i bridd
    Yr arch bren lle gorwedd
  Y wennaf o rianedd,
  Addfwynaf un i ddwfn fedd.

Ar ddiweddar ddyweddi — rhowch ddaear,
    Rhowch ddiwyg wen iddi;
  Du lain sy'n edliw inni
  Ei diwedd diddiwedd hi.

Y ferch â'r ddwyfron lonydd, — oer a mud
    Yw'r min dileferydd;
  Yr eneth o Feirionnydd
  A gwrid y gro hyd ei grudd.

Rhoed i Fawrth ei phrydferthwch, — i'r gaeaf
    Tragywydd ei harddwch,
  Ac ni all haf gynnau llwch
  Ei llunieiddiaf llonyddwch.

Sarah Edwards

Argoed, Llawr-y-betws

Ym Mawrth dywedem wrthi — fod yr haf
    Â'i drem tuag ati,
  Nes i Ebrill ein sobri,
  Ym Mai ffarweliem â hi.

Un o reddf y rhai addfwyn, — un o blaid
    Y blodau a'r gwanwyn;
  Hardd o'i hôl oedd gwyrdd ddeilwyn
  A bu ei llaw ar bob llwyn.

Bu rwydd wrth bawb i roddi — cymwynas,
    Caem honno heb erchi;
  Ein llwydd yn ennill iddi,
  Ein hangen ei hangen hi.

Y wraig wylaidd a'r galon — a ddaliai
    Eiddilwch ei dwyfron,
  Un brydferth ei thrafferthion
  I'r diwedd hir ydoedd hon.

Chwi wladwyr, ewch a chludwch — ei harch bren,
    Bwriwch bridd, ond byddwch
  Yn dyner wrth dynerwch,
  Bonheddig wrth wledig lwch.

Y wraig na welaf ragor; — mae'r ddwyfron
　　Mor ddifraw â'r mynor,
　A'r wedd wen dan dderw ddôr,
　Y dremddwys o dan drymddor.

Fe hawliaist ei gofalon, — ros ei gardd,
　　Rhoes ei gwaed i'th galon;
　Dy ddeigr nid yw ddigon,
　Dyro di dy wrid i hon.

John William Griffiths

Ty'n-y-ffridd, Sarnau

Daeth drachefn dros y gefnen, — a dyfod
    O'i afiaith a'i elfen;
  Rhoi darn o Rydywernen
  Yn ôl i'w gynefin hen.

Rhowch o fewn yr arch fonedd — Ty'n-y-ffridd,
    Tan ei phren rhowch rinwedd;
  I'r gweryd rhowch drugaredd,
  Rhowch fawr dynerwch i fedd.

Cloi genau'r dadlau yn dynn, — a'u cloi hwy
    Cyn clywed y terfyn,
  Cau y llygaid tanbaid hyn
  A'u gadael ar gau wedyn.

F'eiriolwr hyd farwolaeth, — hwn fu 'mrawd
    Yn fy mhryder helaeth;
  I dir ei wyliadwriaeth
  Rhoed Cristion o Gymro'n gaeth.

Bu brysur heb ei brisio, — bu annwyl
    Heb wenu'n ddihidio;
  Y gwlatgar treiddgar, sawl tro
  Y taniodd wrth gytuno!

Mor sionc â gwynt y boncyn, — ac annwyl
    Fel drygionus blentyn,
  Mor llac â thymer y llyn,
  Mor fawr â threm ar Ferwyn.

Cywir ysbryd y croesbren — a gafodd,
    Bu'n gyfaill mewn angen;
  Deuai i Gwrdd gyda gwên,
  Âi o'r lle 'run mor llawen.

Y gŵr a ddysgodd garu, — y duwiol
    Yn dewis diddanu;
  Yr hynaf, ef er hynny
  Fu taid ieuangaf y tŷ.

Brysiaf fel cynt i'w breswyl, — nid yw'r wên
    Yn y drws i'm disgwyl,
  A thyst agos i'w noswyl
  Yw'r gadair wag wedi'r hwyl.

I weld gweryd gwladgarwch — af heno
    I fynwent digrifwch
  Lle bydd llawenydd yn llwch,
  Lle gorwedd cyfeillgarwch.

Joyce Liversage

Lladdwyd mewn awyren yn ugain oed

Ni gofiwn y gaeafau, — y lluwch oer
    A'r llechwraidd lwybrau;
   Ein taith ddilynet tithau;
   A gofi di fel ni'n dau?

Mae arch na wyddom ei hyd, — o'i mewn hi
    Mae un oes a'i delfryd;
   Mae'n ofer o'i mewn hefyd
   Y corff fydd marw cyhyd.

Iaith ni ŵyr ei thynerwch, — a thu hwnt
    I iaith oedd ei thegwch;
   Rhoi'r wylaidd luniaidd i lwch
   Fu warth ar bob prydferthwch.

Y Gwladwr

Y mae'r goeden eleni
Yn hen, ond derwen yw hi.
Hen dderwen a'i changhennau
Yn un cylch amdani'n cau.
Ochr y waun oedd ei chrud
A thyfodd yn noeth hefyd.
Nodd gafodd mewn gaeafwynt,
Egni a gadd gan y gwynt.
Nid clydwch ond caledi
A greodd ddur ei gwraidd hi.
A enir yn yr anial
A dyf trwy ymdrech yn dal.

*   *   *

Fel dwyn anifail i dir, — a gwylaidd
 Fel galwad gylfinir,
 Felly daethost i'r rhostir
 Yn fab y cynhaeaf hir.

Dacw wlad y caledi; — o'i mawnog
 Y mynnaist dy egni,
 A'i hunigedd yn hogi
 Â'i haearn dy haearn di.

Aeth ei hanial ddoethineb — i'th enaid,
 A'i thyner wylltineb;
 Rhyw hen synnwyr na ŵyr neb
 Ond a ŵyr fel dihareb.

Roeddyt hen cyn dy eni, — a'th afiaith
    Ifanc yn ysgogi
  Gwyrth y groth, a'i gwewyr hi
  A'th luniodd gan ffrwythloni.

Ac fel y ddaear lariaidd — o'i choludd
    I'w chalon reolaidd
  Y'th welaf yn ddoeth wylaidd
  A'th risg mor wydn â'th wraidd.

★ ★ ★

Ym mro'r brwyn mae'r aur brinnaf ac o'i mewn
    Mae'r gymwynas amlaf
A chymydog yno gaf.

Gwyry drac lle gwegiai'r drol
Drwy'r waun laith i'w thaith wthiol.
Isel echel yn ochain
Gan lwyth ar y sugn-lain.
Cryfhau'r rhaff. Crafai'r offer
Ddaear y gors, suddai'r gêr!

Daeth yn ddistaw trwy'r gawod,
Hwn ddaeth heb ofyn ei ddod,
A chynnig ei fraich inni.
Aeth ei nerth dan ein llwyth ni.
Y drol o'r mawndir eilwaith
A gaed, cans rhannwyd y gwaith.
Â'i gefn llydan odani
Gwaith hawdd oedd ei gwthio hi!

Y gwladwr â'i galedwch,
A'i sang cyn drymed â'i swch,
Eto'n ŵr llawn tynerwch.

★ ★ ★

Gwerin fonheddig yr hen fynyddoedd,
Hen weithwyr isel wrth waith yr oesoedd;
Cyndeidiau dy dadau oedd fel tithau
Yn y llwyd oriau yn troi'r pellteroedd.

Aeth annibyniaeth 'styfnig y bannau
A'u henwau dethol i'th esgyrn dithau;
Cefaist ddewrder o erwau'r tir diffaith,
Ac anadlu iaith hen genedlaethau.

Ar wen dudalen uwchlaw dy aeliau
Blwyddi anodd a sgriblodd eu henwau;
Gwyddost am unigeddau hyd nes aeth
Eu daearyddiaeth ar fap dy ruddiau.

★ ★ ★

Ni phrofaist win y ddinas
Yn ôl y drefn uchel-dras,
Ond er hyn cei droi heno at bell ffin
A chael dy win yn y machlud yno.

Gemau ni bu i'th gymell
I newid byd am 'wlad bell',
Cans ar ddyfod y blodau yn gwlwm
I dlŷsu dy gwm, deliaist â gemau.

Ni wyddost am neuaddau
Y mawrion wybrwyon brau.
Drwy chwys a deddf d'orchest wâr fe weli
Dy wobr di pan ddadebro daear.

Ni roddwyd iti'r addysg
A wna ddyn yn llai na'i ddysg.
Dysgaist yr un hen dasgau tragywydd,
Yn ddewr o'r newydd herio'r hen waeau.

A dreuliaist awr o wyliau
Ar draethell bell rhyw glir bau?
Dy wyliau oedd dy aelwyd, a'th hinon,
Hedd o dreialon y dydd a dreuliwyd.

★ ★ ★

Y dwylo gerwin sy'n edliw inni
Ddwylo morwynol ein seddol swyddi;
Y mae nerth na wyddom ni, mae dial
Mieri'r anial ym mriwiau'r rheini.

Ac yn y llygaid y mae enaid un
A ŵyr ddedwyddwch ym mhridd ei dyddyn;
Ym mhob breuddwyd mae priddyn ei hanfod,
Mae ynni ei fod yn y mannaf hedyn.

Ac fel bryniau gaeafol bro unig
Mae ei ysgwyddau yn grwm-osgeiddig;
Yn ei wedd mae'r mynyddig ofnau mân,
Yn ei wên lydan y galon wledig.

45

Wladwr dirodres, ni ddaw hanesydd
I eirio ei glod yn llyfrau'r gwledydd,
Ond ym mhennod y mynydd rhwng cloriau
Daear ei gaeau bydd byw'n dragywydd.

Y mae'r goeden eleni
Yn hen, ond derwen yw hi.
O'r dderwen wyf fesen fach,
Mesen o un rymusach.
Bydded i mi egni hon,
Deunydd ei safiad union,
A rhodded ei hen wreiddiau
Reffynnau praff i'n parhau.